Ōra Maritima

A Latin Story for Beginners

E. A. Sonnenschein *scrīpsit*

Garrett Dome *et* Zachary Sowerby *ēdidērunt*

Amīcīs priōribus novīsque

Index Capitulōrum

Praefātiō

My apology for adding another to the formidable array of elementary Latin manuals is that there is no book in existence which satisfies the requirements which I have in mind as of most importance for the fruitful study of the language by beginners. What I desiderate is :

1. A continuous narrative from beginning to end, capable of appealing in respect of its vocabulary and subject matter to the minds and interests of young pupils, and free from all those syntactical and stylistic difficulties which make even the easiest of Latin authors something of a problem.

2. A work which shall hold the true balance between too much and too little in the matter of systematic grammar. In my opinion, existing manuals are disfigured by a disproportionate amount of lifeless Accidence. The outcome of the traditional system is that the pupil learns a multitude of Latin forms (Cases, Tenses, Moods), but very little Latin. That is to say, he acquires a bowing acquaintance with all the forms of Nouns and Verbs— such as Ablatives in a, e, i, o, u, 3rd Persons in at, et, it, and so forth—before he gets a real hold of the meaning or use of any of these forms. But, as Goethe said in a different connexion, "What one cannot use is a heavy burden"; and my experience leads me to think that a multitude of forms acts as an

encumbrance to the pupil at an early stage by distracting his attention from the more vital matters of vocabulary, sentence construction, and order of words. The real meaning of the Ablative, for instance, can be just as well learned from the 1st Declension as from all the declensions taken together. And further, to run over all the declensions without proper understanding of their meanings uses with and without Prepositions is a real danger, as begetting all sorts of misconception and error—so much so that the muddled pupil too often never learns the syntax of the Cases at all. No doubt all the Declensions and Conjugations must be learned before a Latin author is attacked. But when a few of them have been brought within the pupil's ken, he finds little difficulty in mastering the others in a rapid and more mechanical fashion. In the present book I have dealt directly with only three declensions of Nouns and Adjectives and the Indicative Active of sum and of the 1st Conjugation (incidentally introducing some of the forms of Pronouns, and those forms of the Passive which are made up with the Verb-adjectives, as in English); but in connexion with this amount of Accidence I have treated very carefully the most prominent uses of the Cases with and without Prepositions, and the question of the order of words, which I have reduced to a few simple rules. It is my hope that teachers who trust themselves to my guidance in this book will agree with me in thinking that the time spent on such fundamental matters as these is not thrown away. The pupil who has mastered this book ought to be able to read and write the easiest kind of Latin with some degree of fluency and without serious mistakes: in a word, Latin ought to have become in some degree a living language to him.

Above all it is my hope that my little story may be read with pleasure by those for whom it is meant. The picture which it gives of the early Britons is intended to be historically correct, so far as it goes; and the talk about "anchors" and "boats" and "holidays" will perhaps be acceptable as a substitute for "iustitia," "modestia," "temperantia," and the other abstract ideas which hover like ghosts around the gate of Latin.[1] I have kept my Vocabulary strictly classical, in spite of the temptation to introduce topics of purely modern interest, such as bicycles: in the later sections of the book it is Caesarian. The number of words in the vocabulary is relatively large; but words are necessary if anything worth saying is to be said, and a large proportion of my words have a close resemblance to the English words derived from them. Apart from this, the acquisition of a working vocabulary is an essential part of any real mastery of a language, and it is a task eminently within the powers of the youthful mind....

...In the present edition (1908) I have marked the naturally long vowels in the text, as in the "Preparations" and the alphabetical vocabulary. But I have deliberately abstained from burdening the memory of pupils and teachers with subtleties of pronunciation, such as are involved in the marking of "hidden quantities" (except in such obvious cases as rēx, lūx, nōndum): e.g. rēxī from rĕgō, tēxī from tĕgō, cōnstat but cŏndit, īnfert but ĭntulit, īnsanus but ĭncultus. If a warning is needed against encumbering the teaching of Latin with difficult questions of this kind, it will be found emphatically expressed in the recommendations of many of the Lehrplane issued by German educational authorities.

Most of the passages will be found too long for one lesson, unless with older pupils. They must be split up, according to circumstances.

---

[1] "The pupil ordinarily approaches Latin and Greek through a cloud of abstractions." — A. Sidgwick.

It is possible that some teachers may prefer to use this book not as a first book in the strict sense of the term, but rather after say a year's work at some other book; and I can well imagine that it might be used to good purpose in this way, for instance as a bridge to Caesar, whose invasions of Britain are narrated in outline in my Chapters VIII.–XIV., or for practice in rapid reading side by side with an author.

My best thanks are due to Lord Avebury for permission to reproduce the photographs of Roman and British coins which appear in this volume, especially of the coin of Antoninus Pius with the figure of Britannia upon it — the prototype of our modern penny.

E. A. S.

Birmingham
November, 1908

The following passages have struck me since my Preface was written as throwing light on the idea of this book.

"The real question is not whether we shall go on teaching Latin, but what we can do to teach it so as to make learners understand that it is not a dead language at all."
— Sir F. Pollock, in the 'Pilot,' Jan. 12th, 1901.

"We must convince our pupils of the reality of the study [Latin] by introducing them at as early a period as possible to a real book."
— P. A. Barnett in "Common Sense in Education and Teaching," p. 210.

"Assimilate the system of teaching the classical languages to that which I have shadowed forth for modern language teaching."
— Professor Mahaffy, Address to Modern Language Association, Dec., 1901.

Newer Methods in the Teaching of Latin[2]

We are familiar with the watchwords of two opposed camps on the subject of language-teaching. The old-fashioned view that the "declining of nouns and verbs," to use Dr. Johnson's phrase, is a necessary preliminary to the reading of any text is nowadays met with the continental cry of "Fort mit der Grammatik!" But we are not really compelled to accept either of these harsh alternatives, as the more moderate adherents of the new German school are now fain to admit. Grammar has its proper place in any systematised method of teaching a language; but that place is not at the beginning but rather at the end of each of the steps into which a well-graduated course must be divided. Speaking of the course as a whole, we may say that the learning of grammar should proceed side by side with the reading of a text. The old view, which is far from extinct at the present day, though it is rarely carried out in all its rigour, was that the pupil must learn the rules of the game before he attempts to play it. The modern view is that just as in whist or hockey one learns the rules by playing the game, so in the study of a language one learns the grammar best by the reading of a simple text. But it is necessary at once to draw a distinction, which marks the difference between the earlier and the more developed form of the new method. The mistake made by the first zealots of the new school

---

[2] Extracted from an article contributed to Mr. Sadler's *Special Reports*.

was that they plunged the pupil without preparation into the reading of what were called "easy passages,"—passages taken from any ordinary book, and easy perhaps as compared with other passages which might have been selected, but still bristling with a multitude of heterogeneous forms and constructions. This was an "inductive method" with a vengeance; but it soon became evident that to expect a young beginner to work his way through such a jungle to the light of clear grammatical consciousness was to expect too much;[3] and even for the adult beginner the process is slow and laborious. For what is the object of grammar unless to make the facts of a language accessible and intelligible by presenting them in a simple arrangement? Here as elsewhere science ought surely to step in as an aid, not an obstacle, to understanding. What the advocates of the new school failed to see was that "nature" cannot dispense with "art"; in other words that the text which is to serve as the basis of an inductive study of the language must be specially constructed so as to exhibit those features on which the teacher desires to lay stress at a particular stage of learning.

What is the ordinary English practice at the present day? On this point others are more competent to speak than I; but I imagine I am not far wrong in saying that the first step in learning Latin is to spend a month or two in learning declensions and conjugations by rote—not, let us hope, complete with their irregularities and exceptions, but in outline. The pupil then proceeds to the reading and wrlting of easy sentences, perhaps in such a book as "Gradatim"; and after say a year or more he will be reading easy selections from a Latin author. All the while he recapitulates his grammar and extends

---

[3] A distinguished representative of the *Neuere Richtung* admitted in conversation with the present writer some years ago that the teaching of French out of his own book was "Hundesarbeit" (*horse*-work.)

his grammatical horizon. This is, in any case, an immense improvement on the older plan of learning the whole of the old Eton Latin Grammar in its Latin dress without understanding a word of what is meant by its "as in praesenti" and other mysteries. If wisely administered, this method may also avoid the error of "Henry's First Latin Book," which taught an intolerable deal of Accidence and Syntax to a half-pennyworth of text; though, on the other hand, Henry's First Latin Book was an attempt to accompany the learning of grammar with the reading of easy sentences from the very beginning, and in so far was better than the method we are considering. For I must maintain, with all deference to the opinion of others whose experience is wider than my own, that we are as yet far from having drawn the full conclusions of the process of reasoning on which we have entered. There should be no preliminary study of grammar apart from the reading of a text. The declensions and conjugations, learned by rote apart from their applications, cannot be properly assimilated or understood, and often prove a source of error rather than enlightenment in subsequent study. They have to be learned over and over again—always in doses which are too large for digestion, and the pupil has meanwhile been encouraged to form a bad habit of mind. Half knowledge in this case too often leads to the unedifying spectacle of the Sixth Form boy or the University undergraduate who is still so shaky in his accidence that he cannot pass his "Smalls" without a special effort, though in some respects he may be a good scholar. But still more serious is the effect of the false conceptions which are inevitably implanted in the mind by this method of grammar without understanding. The pupil learns *mēnsā,* "by or with a table," *agricolā,* "by or with a farmer"—both of them impossible Latin for the English in its natural sense; *mēnsae* meaning strictly "to a table" is almost impossible in any elementary context. Yet the pupil necessarily supposes that in some context or other they must have those meanings; it is often years before he discovers that he has been the victim of a practical joke. Some boys never see the fun to the bitter end; in other words, they never learn the syntax of the Cases at all. And where are the counterbalancing advantages of this method? The pupil is introduced at an early stage to the reading of selections from Latin authors. But what if the interest and stimulus of reading consecutive passages could be secured without the sacrifice of clearness and grasp which is involved in the method of preliminary grammar? The advantages would seem in that case to be all on one side. Each new grammatical feature of the language would be presented as it is wanted, in an interesting context, and would be firmly grasped by the mind; at convenient points the knowledge acquired would be summed up in a table (the declension of a noun or the forms of a tense). The foundations of grammar would thus be securely laid; there would be no traps for the understanding, because each new feature would be presented in concrete form, that is in a context which explained it. For example, instead of *mensā*, "by or with a table," etc., we should have *in mēnsā*, "on a table," *cum agricolā*, "with a farmer," *ab agricolā*, "by a farmer"; *ad mēnsam*, "to a table" or sometimes "by (i.e. near) a table;" *agricolae dat*, but not *mēnsae dat*. After one declension had been caught in this way, the others would not need so elaborate a treatment. But still the old rule of "festīna lentē" would warn the teacher not to impose too great a burden on the young or even the adult beginner; it is no light task to learn simultaneously forms and their meanings, vocabulary, and the fundamental facts of syntax. It must be admitted that the method which I am advocating is a slow one at first; but it is sure, and binds fast. The method of preliminary grammar might be called the railroad method. The traveller by rail travels fast, but he sees little of the country through which he is whirled. The longest way round is often the shortest way home; and my experience has been that the time spent at the start without proceeding beyond the very elements of grammar is time well spent. A fair vocabulary is acquired—without effort—in the course of reading; for the learning of new words, especially if they are chosen so as to present obvious similarities to English words, is a task eminently within the powers of the youthful mind; and all words met with in an interesting context arouse attention and impress themselves on the mind of their own accord. All the while the pupil is forming his feeling for the language and gradually becoming habituated to ordinary ways of saying ordinary things. He gradually loses that sense of strangeness which is the great barrier to anything like mastery.[4] It is surprising how much can be said in Latin without using more than a single declension of nouns and adjectives and a single conjugation of verbs.[5] The habit of reading very easy Latin, thus acquired at an early stage, will prove of the utmost value when the pupil approaches the study of a Latin author. Such a book as I have in mind should therefore do something to bridge over the formidable chasm which at present separates the reading of isolated sentences from the reading of an author.

All Latin authors as they stand, are far too difficult to serve as a basis of study for beginners: and they are also, I may add, not well adapted in respect of subject matter and sentiment to appeal to the mind of the very young. Caesar may no doubt be made interesting to a boy or girl of twelve by a skilful teacher

---

[4] One great advantage of this method, especially for learners who are able to cover the ground at a fair rate of progress, is that it lends itself to acquiring the "art of *reading* Latin" (as distinct from the art of construing it), to use Prof. W. G. Hale's phrase—the art of rapid reading.

[5] There are some 1,000 verbs of the first conjugation in Latin (including compounds).

with the aid of maps and pictures. But, after all, the Gallic War can never be what it was never meant to be, a child's book. The ideal "Reader," which should be the centre of instruction during the early stages of a young pupil's course, should be really interesting; simple and straightforward in regard to its subject matter, modern in setting, and as classical as may be in form— a book which the pupil may regard with benevolent feelings, not with mere "gloomy respect,"[6] as worth knowing for its own sake. It should be well illustrated with pictures, diagrams, and maps, provided always that the illustrations are to the point, and such as are really felt to be needed to explain the text and make it live. "Modern in setting," for otherwise the book will not appeal to the young mind; yet there is much justification for the demand made by many adherents of the newer school that the subject matter of any school book dealing with a foreign language should be closely associated with the history and the manners and customs of the people who spoke or speak the language. Possibly the two demands are not irreconcilable; the subject matter may be historical and national, but the point of view from which it is regarded may be modern. For English pupils learning Latin the reconciliation ought to present little difficulty; but nearly every great nation of Europe has its points of contact with Rome, and therefore its opportunities of constructing Latin Readers which are national in more senses than one. On the modern side they may be patriotic in tone, and inspired by that love of nature which appeals so directly to the youthful mind; on the ancient side they may be historical and instructive in the narrower sense of the term. And the illustrations should also have this two-fold character; they should include subjects both ancient and modern, it being always remembered in regard to the former

---

[6] Lord Rosebery in his Rectorial Address at Glasgow, 1900.

that their object is not to make the boy or girl an archaeologist, but simply to act as an aid to the imagination and enable it to realise what ancient civilisation was like. A good modern fancy sketch may often be more instructive from this point of view than a cut taken from a dictionary of antiquities.

The method which I advocate is, therefore, on its linguistic side, analogous in some respects to the so-called "natural method" or to the method by which an adult, left to his own resources, usually attempts to master a foreign tongue. He begins by attacking some easy book or newspaper, with the help of a dictionary, and he picks up the grammar as he goes along. The method is in both cases heuretic, in so far as the learner does not try to reconstruct the language out of the grammar, as a palaeontologist reconstructs an extinct animal from a study of a few bones. But in the one case the learner works on a text which presents all the variety and complexity of nature; in the other, on a text which has been simplified and systematised by art, so as to lead directly to a clear view of certain fundamental grammatical facts. Granted the premises, I conceive that there will be no great difficulty in accepting the conclusion; for there can hardly be a better method of teaching a language than that which combines the systematic order of the grammar with the interest and life of the story-book. The crux of the situation is to write such a school book; and though it may be long before an ideal book of the kind is produced, the problem ought not to be impossible of solution, if once the necessity of a solution from the teaching point of view is realised. On the one hand the ideal book ought to have a sustained interest, and if possible to form a continuous narrative from beginning to end; otherwise much of the effect is lost; this adds materially to the difficulty of writing. On the other hand there are various considerations which lighten the task. The writer has before him an infinite variety of choice in regard to his subject matter; and though his grammatical order must be systematic, he is under no obligation to confine himself absolutely to the narrowest possible grammatical field at each step. For example adjectives[7] may be, as they should be on other grounds, treated side by side with the substantives which they resemble in form, and the easy forms of *possum* (e.g., *pot-es, pot-est, pot-eram*) side by side with the corresponding forms of *sum.* Here we have material for the building of sentences. We may even go further and admit a certain number of forms which anticipate future grammatical lessons, provided they are not too numerous or of such a character as to confuse the grammatical impression which it is the purpose in hand to produce. For example, forms like *inquam, inquit* might be introduced, if necessary, long before the learning of the defective verbs was reached; they would, of course, be accompanied by their translations and treated as isolated words without any grammatical explanation. Tact in introducing only such forms as are not liable to lead to false inferences is necessary; and, of course, the fewer such anticipations there are the better. A certain latitude must also be conceded in regard to idiom and style. While it is of importance that the pupil should come across nothing which might react disadvantageously on his future composition, it is mere pedantry to insist on any exalted standard of literary excellence. The writer who works under the limitation imposed by the conditions of the problem should not attempt any high style of diction; it is sufficient if his Latin is up to the standard of such isolated sentences as usually form the mental pabulum of the beginner, though it might well be somewhat higher.

I would here anticipate a possible objection. Would not such a book be too easy? Would it provide a sufficient amount

---

[7] Including Possessive Adjectives and Participles (Verb-adjectives).

of mental gymnastic to serve as a means of training the faculties of reason and judgment? That would depend altogether on the aim which the writer set before himself. There is plenty of room within the limits of the first declension and the first conjugation for the training of the mind in habits of accurate thought and expression; for instance, the sentences may be made as difficult in regard to order of words as you please. But I would urge that they can hardly be made too easy at the beginning. It is sometimes forgotten that mental training is not synonymous with the inculcation of a mass of grammatical forms which only burden the memory, and that the habit of reading with care and fluency is itself a mental discipline of the highest value. What the teacher of any language has to do is not to accustom his pupil to regard each sentence as a nut to crack or a pitfall to beware of; but rather to induce him by the art of "gentle persuasion" to look upon the foreign tongue as a friend to be approached on terms of easy familiarity. Difficulties will accumulate fast enough, and I submit with all deference that it is a mistake to convert the learning of any foreign language into an obstacle race, by deliberately throwing difficulties into the path of the learner. Latin, at any rate, is hard enough in itself. And a habit of thoughtlessness is surely the last thing that will be encouraged by a method such as that sketched above, by which learning is made a matter of observation from the first, and not of unintelligent memorizing.

It goes without saying that the grammar to be taught in such a book should be limited to the necessary and normal. All that is in any way superfluous to the beginner should be rigorously excluded. But so soon as a general view of the whole field of regular accidence and the bare outlines of syntax has been attained by way of the Reader, the time has arrived for taking the pupil over the same ground again, as presented in the systematic form of the grammar. He is now in a position to understand what a grammar really is—not a collection of arbitrary rules, but a *catalogue raisonné* of the usages of a language based upon observation and simplified by science. Successive recapitulations should take in more and more of what is abnormal, until a fairly comprehensive view of the whole field is obtained. The suggestions of whatever new texts are read should, of course, be utilised in preparing the mind for irregularities and exceptions; but it is no longer perilous to study the grammar apart. Each course of grammar deepens the impression made by those which precede it, and at the same time extends the pupil's mental horizon, the successive courses being superimposed on one another like a number of concentric circles with ever widening diameters.

I have said nothing about the writing of Latin, because it is obvious at the present day that reading should be accompanied by writing from the first, and, what is even more important, that the sentences to be translated into Latin should be based on the subject matter and vocabulary of the Reader. Learning a language is largely an imitative process, and we must not expect our beginners to make bricks without straw, any more than we expect pupils at a more advanced age to compose in the style of Cicero or Livy without giving them plenty of models to work upon. It is more important to insist here on the importance of training the organs of speech and hearing even in learning a "dead language" like Latin. For a dead language is still a language, and cannot be properly grasped unless it has some contact with living lip and living ear. Let the pupil then become accustomed from the first to reading Latin aloud, and to reading it with intelligence and expression. It is a habit which does not come of itself; but to teach it goes a long way towards making the language live again, and acts as a most valuable support to the memory. Let anyone try learning a little modern Greek, and he will appreciate the difference between remembering the accents by ear and remembering them by the eye alone. So, too, in regard to forms and vocabulary. What we have to familiarise our pupils with is not merely the look of the word and the phrase and the sentence on paper, but still more, the shape of them to the ear.

From the point of view of the University a reform in school procedure, both on the literary and on the grammatical side, would confer great and lasting benefits.[8] There must be many University teachers who, like the present writer, feel dissatisfied with the scrappy and haphazard knowledge of the classics commonly presented by students reading for Pass degrees. But the foundations must be laid during the long school course, as the developed flower must be present in the germ. By not hurrying over the initial stages, and by a wise guidance of the later steps, the consummation of a worthy classical culture may be reached in the end.

E. A. Sonnenschein

Christmas, 1900

---

[8] Professor Postgate (Classical Review, February, 1901) demands a "thorough revision of the modes and materials of classical and especially elementary classical teaching," adding, "Though we of the Universities have a serious grievance against the schools in that they send us so many mistaught on elementary points, and, what is worse, emptied of all desire to learn, we must not forget our own deficiencies."

Ōra Maritima inter Dubrās et Rutupiās

I
Ōra Maritima

[First Declension of Nouns and Adjectives, together with the Present Indicative of sum and of the First Conjugation]

1. Quam bella est ōra maritima! Nōn procul ab ōrā maritimā est vīlla. In vīllā amita mea habitat; et ego cum amitā meā nunc habitō. Ante iānuam vīllae est ārea. In āreā est castanea, ubi luscinia interdum cantat. Sub umbrā castaneae ancilla interdum cēnam parat. Amō ōram maritimam; amō vīllam bellam.

2. Fēriae nunc sunt. Inter fēriās in vīllā maritimā habitō. Ō beātās fēriās! In arēnā ōrae maritimae sunt ancorae et catēnae. Nam incolae ōrae maritimae sunt nautae. Magna est audācia nautārum: procellās nōn formīdant. Nautās amō, ut nautae mē amant. Cum nautīs interdum in scaphīs nāvigō.

Ancora et Catēna — Scapha

1

3. Ex fenestrīs vīllae undās spectās. Undās caeruleās amō. Quam magnae sunt, quam perlūcidae! Post cēnam lūnam et stellās ex fenestrā meā spectō. Prope vīllam est silva, ubi cum amitā meā saepe ambulō. Quantopere nōs silva dēlectat! O cōpiam plantārum et herbārum! O cōpiam bācārum! Nōn sōlum nautae sed etiam agricolae circum habitant. Casae agricolārum parvae sunt. Nautae casās albās habitant. Amita mea casās agricolārum et nautārum saepe vīsitat.

4. Victōria est rēgīna mea. Magna est glōria Victōriae Rēginae, nōn sōlum in insulīs Britannicīs sed etiam in Indiā, in Canadā, in Austrāliā, in Āfricā, ubi colōniae Britannicae sunt. Rēgīna est domina multārum terrārum. Britannia est domina undārum. In glōriā rēgīnae meae triumphō. Tē, Britannia, amō: vōs, īnsulae Britannicae, amō. Sed Britannia nōn est patria mea. Ex Āfricā Merīdiānā sum.

5. Lȳdia quoque, consōbrīna mea, apud amitam meam nunc habitat. Lȳdia columbās cūrat: cūra columbārum Lȳdiae magnam laetitiam dat. Tū, Lȳdia, cum apud magistram tuam es, linguae Francogallicae et linguae Anglicae operam dās; sed ego linguīs antiquiīs Romae et Graeciae operam dō. Saepe cum Lȳdiā ad silvam vel ad ōram maritimam ambulō. Interdum cum nautā in scaphā nāvigāmus. Quantopere nōs undae caeruleae dēlectant! Lȳdia casās agricolārum cum amitā meā interdum vīsitat. Vōs, fīliae agricolārum, Lȳdiam amātis, ut Lȳdia vōs amat. Ubi inopia est, ibi amita mea inopiam levat.

II
Patruus Meus

[Second Declension: Nouns and Adjectives in -us]

6. Patruus meus quondam praefectus erat in Āfricā Merīdiānā. Nunc mīlitiā vacat, et agellō suō operam dat. Agellus patruī meī nōn magnus est. Circum vīllam est hortus. Mūrus hortī nōn altus est. Rīvus est prope hortum, unde aquam portāmus, cum hortum irrigāmus. In hortō magnus est numerus rosārum et violārum. Rosae et violae tibi, mī patrue, magnam laetitiam dant. Tū, Lȳdia, cum patruō meō in hortō saepe ambulās.

7. In angulō hortī sunt ulmī. In ulmīs corvī nīdificant. Corvōs libenter spectō, cum circum nīdōs suōs volitant. Magnus est numerus corvōrum in hortō patruī meī; multī mergī super ōceanum volitant. Vōs, mergī, libenter spectō, cum super ōceanum volitātis et praedam captātis. Ōceanus mergīs cibum dat. Patruum meum hortus et agellus suus dēlectant; in agellō sunt equī et vaccae et porcī et gallī gallīnaeque. Lȳdia gallōs gallīnāsque cūrat. Nōn procul ab agellō est vīcus, ubi rusticī habitant. Nōnnūllī ex rusticīs agellum cum equīs et vaccīs et porcīs cūrant.

8. Ex hortō patruī meī scopulōs albōs ōrae maritimae spectāmus. Scopulī sunt altī. Et ōra Francogallica nōn procul abest. Noctū ex scopulīs pharōs ōrae Francogallicae spectāmus, velut stellās clārās in ōceanō. Quam bellus es, ōceane, cum lūna undās tuās illustrat! Quantopere mē dēlectat vōs, undae caeruleae, spectāre, cum tranquillae estis et arēnam ōrae maritimae lavātis! Quantopere me dēlectātis cum turbulentae estis et sub scopulīs spūmātis et murmurātis!

Vīlla Maritima.
Ulmī et Corvī. Mūrus. Iānua. Rivus. Castanea. Mergī.

III
Monumenta Antīqua

[Nouns and Adjectives in -um]

9. Agellus patruī meī in Cantiō est, inter Dubrās et Rutupiās situs. Dubrae et Rutupiae oppida antīqua sunt. Multa sunt monumenta antīqua in Britanniā, multa vestīgia Rōmānōrum. Reliquiae vīllārum, oppidōrum, amphitheātrōrum Rōmānōrum hodiē exstant. Multae viae Rōmānae in Britanniā sunt. In Cantiō est via Rōmāna inter Rutupiās et Londinium. Solum Britannicum multōs nummōs

aureōs, argenteōs, aēneōs et Britannōrum et Rōmānōrum occultat. Rusticīs nummī saepe sunt causa lucrī, cum arant vel fundāmenta aedificiōrum antīquōrum excavant. Nam nummōs antīquōs magnō pretiō vēnumdant. Patruō meō magnus numerus est nummōrum Rōmānōrum.

10. Inter fēriās commentāriōs meōs dē vītā meā scriptitō. Dubrās saepe vīsitāmus; nam oppidum nōn procul abest. Super oppidum est castellum magnum; in castellō est specula ant īqua. Mūrī speculae altī et lātī sunt. Quondam

erat pharus Rōmānōrum. Prope speculam est aedificium consecrātum. Iam secundō saeculō post Christum nātum basilica Christiāna erat.

11. Castellum in prōmunturiō ōrae maritimae stat. Post castellum sunt clīvī grāmineī et lātī. Ex castellō fretum Gallicum spectās. Ante oculōs sunt vēla alba multōrum nāvigiōrum; nāvigia sunt Britannica, Francogallica, Germānica, Belgica. Nōnnūlla ex nāvigiīs Britannicīs "castella" nōmināta sunt. Littera C in signō est. "Castella" in Āfricam Merīdiānam nāvigant, ubi patria mea est.

Nummus Rōmānus
(C. Iūlius Caesar)   *(Augustus)*

Nummus Britannicus

Nummus Britannicus

IV
Dēlectāmenta Puerōrum

[Nouns and Adjectives like puer*]*

12. In numerō amīcōrum meōrum sunt duō puerī.
Mārcus, puer quattuordecim annōrum, mihi praecipuus amīcus
est. Prope Dubrās nunc habitant, sed ex Calēdoniā oriundī sunt.
Nōbīs puerīs fēriae nunc sunt; nam condiscipulī sumus. Inter
fēriās līberī sumus scholīs. Amīcī meī mē saepe vīsitant, et ego
amīcos meōs vīsitō. Magna est inter nōs amīcitia. Ūnā
ambulāmus, ūnā in undīs spūmiferīs natāmus, cum nōn nimis
asperae sunt. Quantopere nōs puerōs lūdī pilārum in arēnā
dēlectant! Ut iuvat castella contrā undās spūmiferās aedificāre!

13. Nōbīs puerīs fēriae plēnae sunt gaudiōrum ā māne
usque ad vesperum. Nōnnumquam in scaphā cum Petrō
nāvigāmus. Petrus est adulescentulus vīgintī annōrum. Petrī
scapha nōn sōlum rēmīs sed etiam vēlīs apta est. Plērumque
rēmigāmus, sed nōnnumquam vēla damus, cum ventus nōn
nimis asper est. Petrus scapham gubernat et vēlīs ministrat. Nōs
puerī scapham bellam laudāmus et amāmus.

14. Nōn procul ā Dubrīs est scopulus altus, unde
ōceanum et nāvigia et ōram maritimam spectās. Locus in fābulā
commemorātus est, ubi Leir, rēgulus Britannōrum antiquōrum,
fortūnam suam miseram dēplōrat, stultitiam suam culpat, fīliās
suās animī ingratī accūsat. Ō fortūnam asperam! Ō fīliās impiās!
Ō constantiam Cordēliae! Scopulus ex poētā nōminātus est. Nam
in fābulā est locus ubi vir generōsus, amīcus fīdus rēgulī, dē
scopulō sē praecipitāre parat; sed fīlius suus virum ex perīculō
servat. Fīlium fīdum laudō et amō. Nōs puerī locum saepe
vīsitamus.

Castellum ad Dubrās Situm

V
Magister Noster

[Nouns and Adjectives like magister*]*

15. Magister noster vir doctus est, sed lūdōrum perītus. Nōbīs puerīs cārus est. Inter fēriās patruum meum interdum vīsitat. Dextra magistrī nostrī valida est, et puerī pigrī nec dextram nec magistrum amant.

> "Nōn amo tē, Sabidī, nec possum dīcere quārē.
> Hōc tantum possum dīcere: nōn amo tē."

Magistrum nōn amant quia librōs Graecōs et Latīnōs nōn amant. Nam discipulī scholae nostrae linguīs antīquīs operam dant, atque scientiīs mathēmaticīs. Magistrō nostrō magna cōpia est librōrum pulchrōrum. Schola nostra antīqua et clāra est: nōn solum librīs sed etiam lūdīs operam damus. Schola nostra nōn in Cantiō est. In vīcō nostrō est lūdus litterārius, crēber puerīs et puellīs, līberīs agricolārum. Sed ego cum Mārcō et Alexandrō, amīcīs meīs, ad Ventam Belgārum discipulus sum.

Scopulus Altus ad Dubrās Situs, ex Poētā Nōminātus

VI
Britannia Antīqua

[Mixed forms of Nouns and Adjectives of the 1st and 2nd Declensions, together with the Past Imperfect Indicative of sum *and of the 1st Conjugation]*

16. Magister noster librōrum historicōrum studiōsus est; dē patriā nostrā antīquā libenter narrat. Proximō annō, dum apud nōs erat, dē vītā Britannōrum antīquōrum saepe narrābat. Patruus meus et amita mea libenter auscultābant; ego quoque nōnnumquam aderam. Sīc narrābat: —

"Fere tōta Britannia quondam silvīs densīs crēbra erat. Inter ōram maritimam et fluvium Tamesam, ubi nunc agrī frūgiferī sunt, silva erat Anderida, locus vastus et incultus. Silvae plēnae erant ferārum—lūpōrum, ursōrum, cervōrum, aprōrum. Multa et varia māteria erat in silvīs Britannicīs: sed fāgus Britannīs antīquīs nōn erat nōta, sī Gāius Iūlius vēra affirmat. Et pīnus Scōtica dēerat."

17. "Solum, ubi līberum erat silvīs, frūgiferum erat. Metallīs quoque multīs abundābat—plumbō albō et ferrō, atque, ut Tacitus affirmat, aurō argentōque. Margarītās et ostreās dabat ōceanus: margarītae parvae erant, sed ostreae magnae et praeclārae. Caelum tum quoque crēbrīs pluviīs et nebulīs ātrīs foedum erat; sed pruīnae asperae aberant. Nātūra ōceanī 'pigra' erat, sī testimōnium Tacitī vērum est: nautae Rōmānī, inquit, in aquā pigrā vix poterant rēmigāre. Sed vērumne est testimōnium? An nātūra nautārum Rōmanōrum nōn satis impigra erat?"

18. "Incolae antīquī insulae nostrae ferī et bellicōsī erant. Hastīs, sagittīs, essedīs inter sē pugnābant. Proelia Britannōs

Britannī Antīquī

antīquōs dēlectābant. Multī et dīversī erant populī Britannōrum. Multī ex populīs erant Celtae. Celtīs antīquīs, sīcut Germānīs, capillī flāvī, oculī caeruleī, membra magna et rōbusta erant. Sīc Tacitus dē Calēdoniīs narrat. Incolae Cambriae merīdiānae 'colōrātī' erant. Sed Rōmānīs statūra parva, oculī et capillī nigrī erant. Ūniversī Britannī, ut Gāius Iūlius affirmat, membra vitrō colōrābant, sīcut nautae nostrī hodiernī. Vestīmenta ex coriīs ferārum constābant. In casīs parvīs circum silvās suās habitābant."

19. Hīc amita mea "Nōnne in oppidīs habitābant?" inquit. Et ille "Oppida aedificābant," inquit "sed, sī Gāius Iūlius vēra affirmat, oppida Britannōrum antīquōrum loca firmāta erant, nōn loca ubi habitābant. Sed Britannia merīdiāna crēbra erat incolīs et aedificiīs. Sīc narrat Caesar in librō quintō Bellī Gallicī. Multī ūnā habitābant, ut putō." "Itaque nōn plānē barbarī erant," inquit amita mea. Et ille: "Incolae Cantiī agrī culturae operam dabant, atque etiam mercātūrae. Nam Venetī ex Galliā in Britanniam mercātūrae causā nāvigābant. Britannī frūmentum, armenta, aurum, argentum, ferrum, coria, catulōs vēnāticōs, servōs et captīvōs exportābant; frēna, vitrea, gemmās, cētera importābant. Itaque mediocriter hūmānī erant, nec multum dīversī ā Gallīs."

20. "Multī mortuōs cremābant, sīcut Graecī et Rōmānī: exstant in Cantiō sepulchra cum urnīs pulchrē ornātīs. Exstant etiam nummī Britannicī, aureī, argenteī, aēneī. Esseda quoque fabricābant: nōn plānē inhūmānī erant, sī rotās ferrātās essedōrum et nummōs aureōs aēneōsque fabricāre poterant. Britannīs antīquīs magnus numerus gallōrum gallīnārumque erat; animī, nōn escae, causā curābant, ut Gāius Iūlius affirmat. Sed incolae mediterrāneōrum et Calēdoniī ferī et barbarī erant. Mortuōs humābant. Agrī culturae operam nōn dabant; nōn frūmentō sed ferīnā victitābant. Deōrum fāna in lucīs sacrīs et silvīs ātrīs erant. Sacra curābant Druidae. Sacra erant saeva:

virōs, fēminās, līberōs prō victimīs sacrificābant. Inter sē saepe pugnābant; captīvōs miserōs vēnumdābant, vel cruciābant et trucīdābant: nōnnumquam simulācra magna, plēna victimīs hūmanīs, cremābant. Populōrum inter sē discordiae victōriam Rōmānōrum parābant."

Urnae et Catēnae Britannicae

VII
Vestīgia Rōmānōrum

[Future Indicative and Imperative of sum *and of the 1st Conjugation.]*

21. Nūper, dum Mārcus et Alexander mēcum erant, patruō meō "Quantopere mē dēlectābit" inquam "locum vīsitāre ubi oppidum Rōmānum quondam stābat." Et Alexander "Monstrā nōbīs," inquit "amābō tē, ruīnās castellī Rutupīnī." Tum patruus meus "Longa est via," inquit "sed aliquandō monstrābō. Crās, sī vōbīs grātum erit, ad locum ubi proelium erat Britannōrum cum Rōmānīs ābimus. Ambulābitisne nōbīscum, Mārce et Alexander?" "Ego vērō" inquit Mārcus "tēcum libenter ambulābō"; et Alexander "Mihi quoque pergrātum erit, sī nōbīs sepulchra Britannārum et Rōmānōrum monstrābis." Sed patruus meus "Festīna lentē" inquit; "nūllae sunt ibi reliquiae sepulchrōrum, et virī doctī dē locō proeliī disputant. Sed quotā hōrā parātī eritis?" "Quintā hōrā" inquiunt.

22. Postrīdiē caelum serēnum erat. Inter ientāculum amita mea "Quotā hōrā" inquit "in viam vōs dabitis? et quotā hōrā cēnāre poteritis?" Et patruus meus "Quintā hōrā Mārcus et Alexander Dubrīs adventābunt; intrā duās hōrās ad locum proeliī ambulāre poterimus; post ūnam hōram redambulābimus; itaque hōrā decimā vel ūndecimā domī erimus, ut spērō." Tum ego "Nōnne iēiūnī erimus," inquam "sī nihil ante vesperum gustābimus?" "Prandium vōbīscum portāte" inquit amita mea; "ego crustula et pōma cūrābō."

[Perfect Indicative of sum *and of the 1st Conjugation]*

23. Quinta hora appropinquābat, et amīcōs meōs cupidē exspectābam. Ad sonum tintinnābulī ad fenestram properāvī. Ecce, puerī ad iānuam aderant. Cum intrāvērunt, ūnivērsī exclāmāvimus "Eugē! Opportūnē adventāvistis!" Tum Mārcus "Num sērō adventāvimus?" inquit; "hora fere tertia fuit cum in viam nōs dedimus; sed via longa est, et Alexander celeriter ambulāre nōn potest." Sed Alexander "Nōn sum fatīgātus" inquit; "sed quota hōra est?" Tum patruus meus "Nondum quinta hōra est" inquit: "parātīne estis ad ambulandum?" Et Alexander "Nōs vērō!" inquit. Tum amita mea et Lȳdia "Bene ambulāte!" inquiunt, et in viam nōs dedimus.

Caesar

24. Inter viam patruus meus multa nōbīs dē bellō Rōmānōrum cum Britannīs narrāvit. Prīmō saeculo ante Christum nātum Gāius Iūlius in Galliā bellābat, et, postquam Nerviōs cēterōsque populōs Galliae Belgicae dēbellāvit, bellum contrā incolās insulae propinquae parāvit. Itaque annō quintō et quinquāgēsimō cōpiās suās in Britanniam transportāvit. Dē locō unde nāvigāvit et dē locō quō nāvigia sua applicāvit, virī doctī diū disputāvērunt. Sed inter Dubrās et Rutupiās est locus ad nāvigia applicanda idoneus. Dubrās nōn poterat applicāre; nam scopulī ibi altī erant, ut nunc sunt, et in scopulīs cōpiae armātae Britannōrum stābant. Itaque ad alium locum nāvigāvit, ubi nūllī scopulī fuērunt. Sed Britannī quoque per ōram maritimam ad locum properāvērunt, et ad pugnam sē parāvērunt. Rōmānīs necesse erat nāvigia sua magna ad ancorās dēligāre. Britannīs vada nōta fuērunt; itaque in aquam equitāvērunt et cōpiam pugnae dedērunt.

[Pluperfect (i.e. Past Perfect) Indicative of sum *and of the 1st Conjugation]*

25. Sed iam ad locum adventāverāmus, et patruus meus "Spectāte puerī" inquit; "hīc campus apertus est; scopulī dēsunt, et locus idoneus est ad cōpias explicandās. Illīc fortasse, ubi scaphās piscātōriās spectātis, Gāius Iūlius nāvigia Rōmāna ad ancorās dēligāverat. Hīc Britannī cōpiās suās collocāverant, et equōs in aquam incitāverant. Nōnne potestis tōtam pugnam animō spectāre? Sed reliqua narrābō. Dum Rōmānī undīs sē dare dubitant, aquilifer 'Ad aquilam vōs congregāte,' inquit 'nisi ignāvī estis. Ego certē officium meum praestābō.' Et cum aquilā undīs sē dedit. Iam ūniversī Rōmānī ad aquiliferum sē congregāverant, et cum Britannīs in undīs impigrē pugnābant. Confūsa et aspera fuit pugna. Prīmō labōrābant Rōmānī; sed tandem Britannōs prōpulsāvērunt et terram occupāvērunt. Ante vesperum Britannī sē fugae dederant. Numquam anteā cōpiae Rōmānae in solō Britannicō steterant. Audācia aquiliferī laudanda erat."

[Future Perfect Indicative of sum *and of the 1st Conjugation]*

26. Sed nōs puerī prandium iam postulābāmus: nam hōra iam septima erat. Quam bella crustula et pōma tū, amita, dederās! Quantopere nōs bācae rubrae et nigrae dēlectāvērunt! Tum patruus meus "Cum nōs recreāverimus," inquit "domum properābimus; nam nōn ante ūndecimam hōram adventāverimus; intereā amita tua, mī Antonī, nōs exspectāverit. Nōnne prandiō satiātī estis?" Tum ego "Nūlla in mē mora fuerit." Et Alexander "Ego iam parātus sum" inquit; "sed quandō tu, Mārce, satiātus eris?" Tum Mārcus "Iēiūnus fuī" inquit; "nam per quinque horās nihil gustāveram. Sed cum mē alterō pōmō recreāverō, parātus erō. Tū, Alexander, inter viam crustulīs operam dedistī; nam puer parvus es." Nōs cachinnāmus, et mox in viam nōs damus.

VIII
Expedītiō Prīma C. Iūliī Caesaris

[3rd Declension: nouns like Caesar, imperātor, sōl, expedītiō*]*

27. Sed magnus erat calor sōlis et āeris, neque poterāmus celeriter ambulāre. Paulō post nebulae sōlem obscūrāvērunt, et imber magnus fuit. Mox sōl ōram maritimam splendōre suō illustrāvit, et iterum in viam nōs dedimus. Imber calōrem aeris temperāverat; et inter viam nōs puerī patruum meum multa de C. Iūliō Caesare, imperātōre magnō Rōmānōrum, interrogāvimus. "Cūr expedītiōnem suam in Britanniam parāvit?" inquimus; "cūr cōpiās suās in insulam nostram transportāvit?" Et patruus meus "C. Iūlius Caesar" inquit "prōconsul erat Galliae, et per trēs annōs contrā nātiōnēs bellicōsās Gallōrum et Belgārum bellāverat; nam annō duodēsexāgēsimō ante Christum nātum Rōmānī Caesarem prōconsulem creāverant. Rōmānī autem Britannōs in numerō Gallōrum esse existimābant; et rēvērā nōnnūllae ex nātiōnibus Britanniae merīdiānae ā Belgīs oriundae erant. Atque Britannī Gallīs auxilia contrā Rōmānōs interdum subministrāverant; sed Trinobantēs auxilium Rōmānōrum contrā Cassivellaunum, rēgulum Cassōrum, implōrāverant."

28. "Alia quoque causa bellī fuerat avāritia et exspectātiō praedae. Cupidī erant Rōmānī insulam nostram ignōtam et remōtam vīsitandī et explōrandī; nam, ut Tacitus affirmat, ignōtum prō magnificō est. Itaque annō quintō et quinquāgēsimō ante Christum nātum C. Iūlius Caesar expedītiōnem suam prīmam contrā Britannōs comparāvit, et victōriam reportāvit, ut narrāvī; nam post ūnum proelium Britannī veniam ā victōribus implōrāvērunt. Sed expedītiō nōn

magna fuerat; neque Rōmānī ūllam praedam ex Britanniā reportāverant, nisi paucōs servōs et captīvōs. Annō igitur proximō imperātor Rōmānus secundam et multō maiōrem expeditiōnem in Britanniam parāvit. Nam sescenta nāvigia onerāria in Galliā aedificāvit, et quinque legiōnēs Rōmānās ūnā cum magnā multitūdine auxiliōrum Gallicōrum in ōram Belgicam congregāvit."

Castra Rōmāna

IX
Pāx Violāta

[*3rd Declension continued: nouns like* pāx, aestās, mīles]

29. "Britannī pācem nōn violāverant, sed Rōmānī pācis nōn cupidī erant. Itaque aestāte annī quartī et quinquāgēsimī ante Christum nātum dux Rōmānus cum quinque legiōnibus mīlitum Rōmānōrum et magnō numerō equitum et auxiliōrum Gallicōrum iterum in Britanniam nāvigāvit. Tempestās erat idōnea, sed in mediā nāvigātiōne ventus nōn iam flābat; itaque mīlitibus necesse erat nāvigia rēmīs incitāre. Impigrē rēmigāvērunt, et postrīdiē nāvigia ad ōram Britannicam prosperē applicāvērunt. Labor rēmigandī magnus erat, virtūs mīlitum magnopere laudanda. Britannī Rōmānōs in scopulīs ōrae maritimae exspectābant; sed postquam multitūdinem nāvigiōrum et mīlitum equitumque spectāvērunt, in fugam sē dedērunt. Caesar nāvigia sua inter Dubrās et Rutupiās applicāvit, ut putō, nōn procul a locō quō priōre annō applicāverat. Inde contrā Britannōs properāvit. Intereā ūnam legiōnem cum trecentīs equitibus ad castra in statiōne reservābat: nam perīculōsum erat nāvigia ad ancorās dēligāta dēfensōribus nūdāre."

Druidae Britannicī

X
Certāmina Varia

[3rd Declension continued: nouns like flūmen, tempus*]*

30. "Britannī certamen vītāvērunt, et in silvīs sē occultāvērunt, ubi locus erat prope flūmen, ēgregiē et nātūrā et opere firmātus. Itaque 'oppidum' Britannicum erat. Dē nōmine flūminis nihil constat. Oppidum iam ante domesticī bellī causā praeparāverant, et crebrīs arboribus vallīsque firmāverant. Multa et varia certāmina fuērunt: Britannī ex silvīs cum equitibus essedīsque suīs contrā Rōmānōs prōvolābant; Rōmānīs perīculōsum erat intrā mūnītiōnēs Britannōrum intrāre. Sed post aliquantum temporis mīlitēs septimae legiōnis aggere et testūdine locum oppugnāvērunt. Tandem Britannōs ex silvīs prōpulsāvērunt. Pauca erant vulnera Rōmānōrum: nam Rōmānī Britannōs pondere armōrum et scientiā pugnandī multum superābant; magnitūdine et rōbore corporis Britannī Rōmānōs superābant. Sed Romanī quoque hominēs rōbustō corpore erant."

31. "Victōria Caesarī non multum prōfuit: nam Britannīs fugātīs instāre nōn poterat, quia nātūram locī ignōrābat. Praetereā praefectus castrōrum, nōmine Quintus Ātrius, magnum incommodum nuntiāverat: tempestās nāvigia in lītore afflictāverat. Tempus perīculōsum erat; nam Caesarī necesse erat ā flūmine ad lītus maritimum properāre, et legiōnēs suās ab insectātiōne Britannōrum revocāre. Multa ex nāvigiīs in vadīs afflictāta erant; cētera novīs armīs ornanda erant. Opus magnī labōris erat, et aliquantum temporis postulābat. Sed nautārum atque mīlitum virtūs magnō opere laudanda erat. Nōn solum per diurna sed etiam per nocturna tempora labōrāvērunt.

Interea Caesar nova nāvigia in Galliā aedificat: sine nāvigiīs nōn poterat cōpiās suās in Galliam reportāre; ūnō tempore necesse erat et nāvigia reparāre et contrā Britannōs bellāre."

Essedum Britannicum

XI
Nāvēs Rōmānae

[3rd Declension continued: nouns like nāvis*]*

32. "Duo erant genera nāvium in classe Rōmānā; ūnum erat genus nāvium longārum, alterum nāvium onerāriārum. Nāvēs longae ad pugnam aptae erant, nāvēs onerāriae ad onera atque multitūdinem hominum et equōrum transportanda. Tōta classis Caesaris octingentārum erat nāvium; nam sescentās nāvēs onerāriās per hiemem in Galliā aedificāverat, ut narrāvī. Inter cēterās, ducentās numerō, nōnnūllae nāvēs longae erant. Sed nāvibus longīs rēvērā non opus erat Caesarī; nam Britannīs antīquīs nūlla erat classis; neque nāvēs onerāriās aedificābant." Tum ego "Britannia nōndum domina undārum erat" inquam; "sed quōmodō frūmentum exportāre poterant, sī nūllās nāvēs aedificābant?" "Venetōrum nāvēs" inquit patruus meus "frūmentum Britannicum in Galliam portābant, et ex Galliā gemmās, vitrea, cētera in Britanniam. Nam Venetī, nātiō maritima, in ōrā Gallicā habitābant. Hostēs furant Rōmānōrum, et magnam classem comparāverant."

33. Tum Mārcus "Num nātiōnēs barbarae" inquit "nāvēs longās ornāre poterant?" Et patruus meus "Formam nāvium Gallicārum Caesar in tertiō librō Bellī Gallicī commemorat. Puppēs altae erant, ad magnitūdinem tempestātum accommodātae; carīnae plānae. Venetī nāvēs tōtās ex rōbore fabricābant; ad ancorās catēnīs ferreīs, nōn fūnibus, dēligābant. Pellēs pro vēlīs erant, sīve propter līnī inopiam, sīve quia in pellibus plūs firmitūdinis quam in vēlīs līneīs erat. Nāvēs longae Rōmānōrum nōn tam altae erant quam Venetōrum, sed rostrīs ferreīs et interdum turribus armātae erant; itaque victōriam a

Venetīs reportāverant." Tum Alexander "Num nāvēs Rōmānae
lāminīs ferreīs armātae erant?" inquit. Sed Mārcus: "Quid opus
erat lāminīs ferreīs, sī tormenta hodierna antīquīs dēerant?"

XII
Gentium Britannicārum Societās

[3rd Declension continued: nouns like gens, pars*]*

34. Tum patruus meus reliqua de expedītiōne Caesaris narrāvit. "Dum mīlitēs nautaeque Rōmānī classem novīs armīs ornant, Caesar ad reliquās copiās properat. Intereā hostēs summum imperium Cassivellaunō mandāverant. Cassivellaunus nōn erat rēx ūniversārum gentium Britannicārum, sed dux vel prīnceps gentis Cassōrum. Annō tamen quartō et quīnquāgēsimō ante Christum nātum magna pars gentium Britanniae merīdiānae sē sub Cassivellaunō contrā Rōmānōs consociāverant. Flūmen Tamesa fīnēs Cassivellaunī a fīnibus gentium maritimārum sēparābat; ab oriente erant fīnēs Trinobantium; ab occidente Britannī mediterrāneī. Superiōre tempore bella continua fuerant inter Cassivellaunum et reliquās gentēs; atque Trinobantēs auxilium Rōmānōrum contrā Cassivellaunum implōrāverant, quia rēgem suum trucīdāverat. Numerus hostium magnus erat; nam, ut Caesar affirmat, infīnīta multitūdō hominum erat in parte merīdiāna Britanniae."

35. "Caesar formam et incolās Britanniae in capite duodecimō et tertiō decimō librī quīntī commemorat. Incolae partis interiōris Celtae et barbarī erant; incolae maritimae partis ex Belgiō praedae causā immigrāverant, sīcut priōre aetāte trans flūmen Rhenum in Belgium migrāverant. Et nōnnūlla nōmina gentium maritimārum, unde nōmina urbium hodiernārum dērivāta sunt, Belgica vel Gallica sunt. Belgae autem ā Germāmīs oriundī erant, ut Caesar in capite quartō librī secundī dēmonstrat. Itaque pars Britannōrum antīquōrum Germānicā

orīgine erant. Formam insulae esse triquetram dēclārat. Sed ūnum latus ad Galliam spectāre existimat, alterum ad Hispāniam atque occidentem, tertium ad septentriōnēs. Itaque dē lateribus et angulīs laterum errābat. Hiberniam ab occidente parte Britanniae esse rectē iūdicat, insulam Mōnam inter Britanniam et Hiberniam esse."

XIII
Maria Britannica

[3rd Declension continued: nouns like mare*]*

36. "Lateris prīmī longitūdinem circiter quingenta mīlia esse iūdicat, secundī septingenta, tertiī octingenta. Itaque dē magnitūdine insulae nōn multum errabat. Flūmen Tamesam ā marī circiter octōgintā mīlia distāre iūdicat." Hīc nōs puerī "Errābat igitur" inquimus; "nam inter Londinium et mare nōn sunt octōgintā mīlia." Sed patruus meus "Rectē iudicābat" inquit; "nam pars maris ubi Caesaris castra erant circiter octōgintā mīlia Rōmāna ā Londiniō distat. Tria maria insulam nostram circumdant; inter Britanniam et Galliam est mare Britannicum vel fretum Gallicum; ab occidente mare Hibernicum; ab oriente mare Germānicum. Nōmina marium temporibus antīquīs nōn ūsitāta erant; sed iam Graecī Britanniam esse insulam iūdicābant."

Britannī cum Rōmānīs in Itinere Pugnant

XIV
Britannia Pācāta

[Recapitulation of nouns of the 3rd Declension]

37. "Inter Tamesam et mare Britannicum prīma concursiō erat Rōmānōrum cum cōpiīs Cassivellaunī. Britannī duās cohortēs Rōmānās in itinere fortiter impugnāvērunt. Ex silvīs suīs prōvolāvērunt; Rōmānōs in fugam dedērunt; multōs Rōmānōrum trucīdāvērunt. Tum suōs ā pugnā revocāvērunt. Novum genus pugnae Rōmānōs perturbāverat. Nam Britannōs nōn mōs erat iustō proeliō pugnāre; sed equitibus essedīsque suīs per omnēs partēs equitābant, et ordinēs hostium perturbābant; tum consultō cōpias suās revocābant. Essedāriī interdum pedibus pugnābant. Ita mōbilitatem equitum, stabilitātem peditum in proeliīs praestābant. Peditēs Rōmānī propter pondus armōrum nōn aptī erant ad hūiusmodī hostem. Et equitibus Rōmānīs perīculōsum erat sē longō intervallō ā peditibus sēparāre: neque pedibus pugnāre poterant."

38. "Itaque Rōmānī ordinēs suōs contrā equitēs Britannōrum in prīmō certāmine nōn servāverant. Sed postrīdiē Rōmānī victōriam reportāvērunt; Britannī in collibus procul ā castrīs Rōmānīs stābant. Caesar magnum numerum cohortium et ūniversōs equitēs lēgātō suō Trebōniō mandāverat. Hostēs subitō prōvolāvērunt, et ordinēs Rōmānōs impugnāvērunt. Sed Rōmānī superiōrēs fuērunt. Cōpiās Britannicās prōpulsāvērunt, et in fugam dedērunt. Magnum numerum hostium trucīdāvērunt. Tum dux continuīs itineribus ad flūmen Tamesam et in fīnēs Cassivellaunī properāvit. Cassivellaunus autem cum quattuor mīlibus essedāriōrum itinera Rōmānōrum servābat, et paulum de viā

dēclīnabat sēque in silvīs occultābat. Interdum ex silvīs prōvolābat et cum mīlitibus Rōmānīs pugnābat; Rōmānī autem agrōs Britannōrum vastābant."

39. "In parte flūminis Tamesae ubi fīnēs Cassivellaunī erant ūnum tantum vadum erat. Quō cum Caesar adventāvit, cōpiās hostium ad alteram rīpam flūminis collocātās spectāvit. Rīpa autem sudibus acūtīs firmāta erat; et Britannī multās sudēs sub aquā quoque occultāverant. Sed Caesar hostibus instāre nōn dubitāvit. Aqua flūminis profunda erat, et mīlitēs capite solum ex aquā exstābant; sed Rōmānī sē aquae fortiter mandāvērunt, et Britannōs in fugam dedērunt. 'Oppidum' Cassivellaunī nōn longē aberat, inter silvās palūdēsque situm, quō Britannī magnum numerum hominum, equōrum, ovium, boum, congregāverant. Locum ēgregiē et natūrā et opere firmātum Caesar ex duābus partibus oppugnāre properāvit: oppidum expugnāvit et dēfensōrēs fugāvit."

Britannī Castra Rōmāna Oppugnant

40. "Sed in Cantiō, ubi quattuor rēgēs Britannīs praeerant, nōndum fīnis erat pugnandī. Britannī castra Rōmāna ad mare sita fortiter oppugnant; sed frustrā. Rōmānī victōrēs. Intereā multae ex cīvitātibus Britannicīs pācem ōrant. Trinobantibus Caesar novum rēgem dat, et pācem confirmat. Itaque propter tot clādēs, propter fīnēs suōs bellō vastātōs, maximē autem propter dēfectiōnem tot cīvitātum, Cassivellaunus de condiciōnibus pācis dēlīberat. Caesar pācem dat; Cassivellaunum vetat Trinobantēs bellō vexāre, et tribūtum Britannīs imperat. Tum cōpiās suās cum magnō numerō obsidum et captīvōrum in Galliam reportat. Britannī fortiter sed frustrā prō ārīs et focīs suīs pugnāverant."

Nāvis Longa Britannica

XV
Rōbur et Aes Triplex

[Adjectives of the 3rd Declension]

41. Tum Mārcus "ō gentem fortem et admīrābilem Britannōrum!" inquit. "Nam insigne erat facinus quod contrā Rōmānōs, victōrēs orbis terrārum, tam fortiter et nōnnumquam prosperē pugnāvērunt. Nōn mīrum est, sī Rōmānī victōriam reportāvērunt." Nōs sententiam Mārcī comprobāvimus. Sed iam nōna hōra erat, cum Alexander, digitō ad orientem monstrans, "Nōnne nāvēs procul ā lītore spectātis?" inquit. Et patruus meus "Ita est" inquit; "nam illīc est statiō tūta nāvibus. Sed illae nāvēs, ut putō, nāvēs longae sunt ex classe Britannicā; nam pars classis nostrae nunc in fretō Gallicō est. Tum ego "eugē, optimē!" inquam; "nāvem longam adhūc nōn spectāvī. Sed nōn tam grandēs sunt quam putāvī." "Pergrandēs sunt," inquit patruus meus "sed procul a lītore sunt; omnēs lāminīs ferreīs, nōnnūllae arietibus vel turribus armātae sunt."

42. Tum nautam veterānum dē nōminibus nāvium longārum interrogāvimus. In classe Britannicā mīlitāverat, sed tum mīlitiā vacābat, et custōs erat ōrae maritimae. Nōmina nāvium, ut affirmābat, erant *Grandis, Rēgālis, Magnifica, Tonans, Arrogans, Ferox*; omnibus tegimen erat lāminīs ferreīs fabricātum. In Grandī praefectus classis nāvigābat. Omnēs ad ancoram dēligātae erant. Tum Alexander "Cur nōn" inquit "ad nāvēs in scaphā nāvigāmus?" Mihi et Mārcō prōpositum pergrātum erat; et nauta ad nāvigandum parātus erat. Itaque patruus meus "Sērō domum adventābimus" inquit; "sed sī vōs puerī cupidī estis nāvem longam spectandī, ego nōn dēnegābō." Tum nauta "Exspectāte" inquit "dum omnia parō"; et vēla

rēmōsque in scapham portāvit. Quam dulce erat in marī tranquillō nāvigāre! Ventus lēnis flābat, et brevī tempore ad *Rēgālem* appropinquāvimus. Tum classiāriī nōbīs nāvem ingentem monstrāvērunt cum māchinīs, tormentīs, rostrīs, cēterīs.

43. Hōra iam decima erat cum ā Rēgālī nōs in scapham dedimus. Tum ad lītus rēmigāre necesse erat; nam ventus adversus erat. Ego et Mārcus ūnā cum patruō meō et nautā veterānō rēmīs labōrāvimus. Sed nōn ante ūndecimam hōram in lītore stetimus. Dum domum properāmus, imber fuit, et necesse erat in tabernā aliquantum temporis exspectāre: intrāvimus et nōs recreāvimus; nam fatīgātī erāmus. Sed 'post tenebrās lūx.' Cum domum adventāvimus, amita mea et Lȳdia "Ubi tam diū fuistis?" inquiunt; "nōs anxiae fuimus; sed cēna iam parāta est." Tum nōs "Multa spectāvimus" inquimus; "ambulātiō longa sed pergrāta et ūtilis fuit." Post cēnam Mārcus et Alexander Dubrās in vehiculō properāvērunt. Ego per noctem dē Britannīs antīquīs et dē classe Britannicā hodiernā somniāvī. Ante oculōs erant virī fortēs membrīs robustīs, flāvīs capillīs, oculīs caeruleīs cum Rōmānīs terrā marīque pugnantēs.

Dulce Domum.

Deus Salvam Fac Rēgīnam,
Mātrem Patriae.